Impressum
Verlag: BABADADA GmbH, Nedderfeld 112 , 22529 Hamburg
Geschäftsführer / Verlagsleitung: Harald Hof
Druck: Books on Demand GmbH, In de Tarpen 42, 22848 Norderstedt

Imprint
Publisher: BABADADA GmbH, Nedderfeld 112 , 22529 Hamburg, Germany
Managing Director / Publishing direction: Harald Hof
Print: Books on Demand GmbH, In de Tarpen 42, 22848 Norderstedt

школа

escola

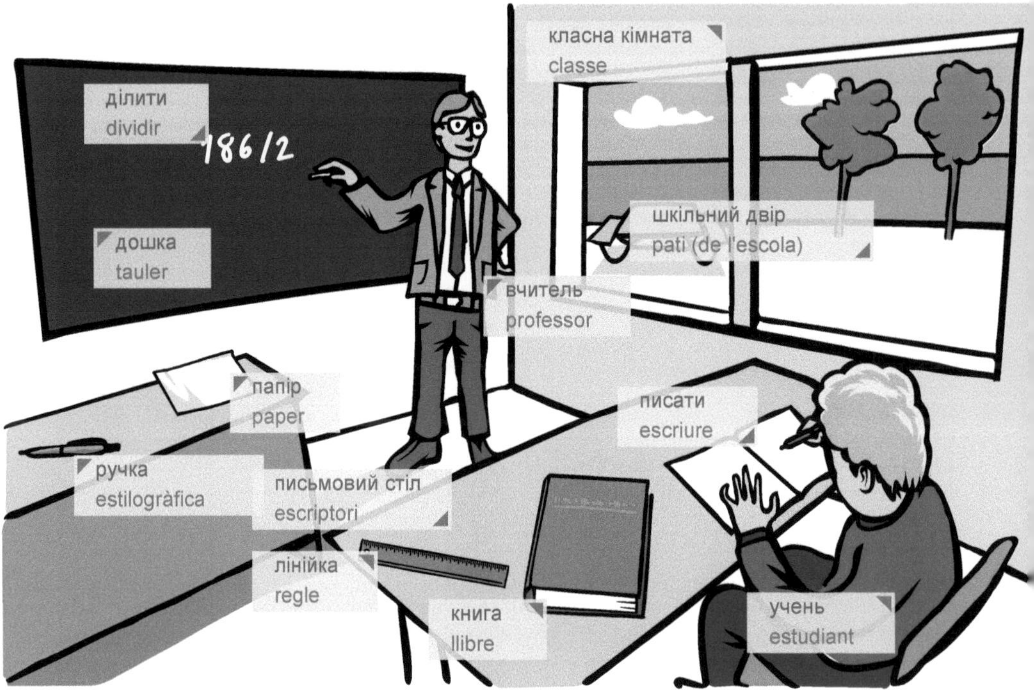
класна кімната
classe
ділити
dividir
186/2
дошка
tauler
шкільний двір
pati (de l'escola)
вчитель
professor
папір
paper
писати
escriure
ручка
estilogràfica
письмовий стіл
escriptori
лінійка
regle
книга
llibre
учень
estudiant

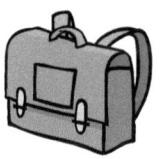

ранець

bossa

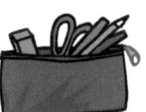

пенал

estoig

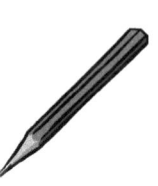

олівець

llapis

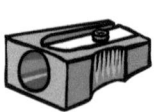

точило

maquineta de fer punta

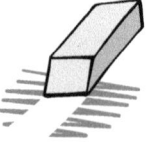

гумка

goma

альбом для малювання

bloc de dibuix

малюнок

dibuix

пензель

pinzell

коробка фарб

capsa de pintures

ножиці

tisores

клей

cola

зошит

quadern d'exercicis

домашнє завдання

deures

число

nombre

додавати

afegir

віднімати

sostreure

множити

multiplicar

рахувати

calcular

літера

lletra

абетка

alfabet

слово

mot

текст

text

читати

llegir

крейда

guix

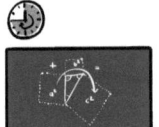

година

lliçó

класний журнал

llibre de classe

екзамен

examen

диплом

certificat

шкільна форма

uniforme escolar

освіта

formació

лексикон

enciclopèdia

університет

universitat

мікроскоп

microscopi

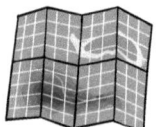

карта

mapa

кошик для паперу

paperera

подорож
viatge

готель
hotel
Grand
турбаза
alberg
ROOMS
обмінний пункт
oficina de canvi
валіза
maleta
автомобіль
automòbil

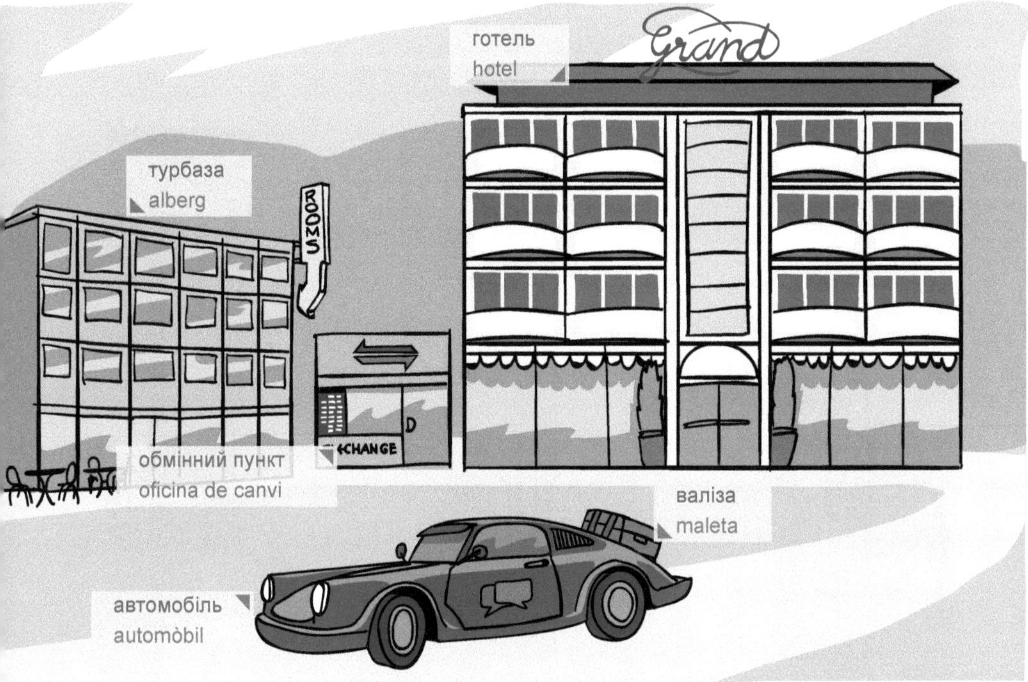

мова

llengua

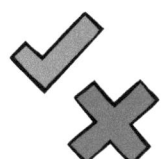

так / ні

sí / no

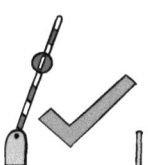

добре

D'acord

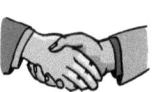

привіт

Ey!

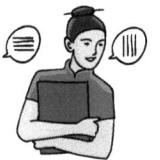

перекладач

traductora

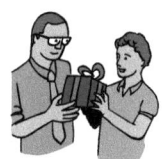

дякую

gràcies

Скільки коштує ...?

Quant costa... ?

Я не розумію

No entenc

проблема

problema

Добрий вечір!

Bona nit!

Доброго ранку!

bon dia!

На добраніч!

bona nit!

До побачення

fins aviat

напрямок

direcció

багаж

bagatge

сумка

bossa

рюкзак

sarrona

гість

convidat

кімната

cambra

спальний мішок

sac de dormir

намет

tenda

туристична інформація

oficina de turisme

пляж

platja

кредитна картка

carta de crèdit

сніданок

esmorzar

обід

dinar

вечеря

sopar

квиток

bitllet

ліфт

ascensor

поштова марка

segell

межа

frontera

митниця

duana

посольство

ambaixada

віза

visat

паспорт

passaport

транспорт

transport

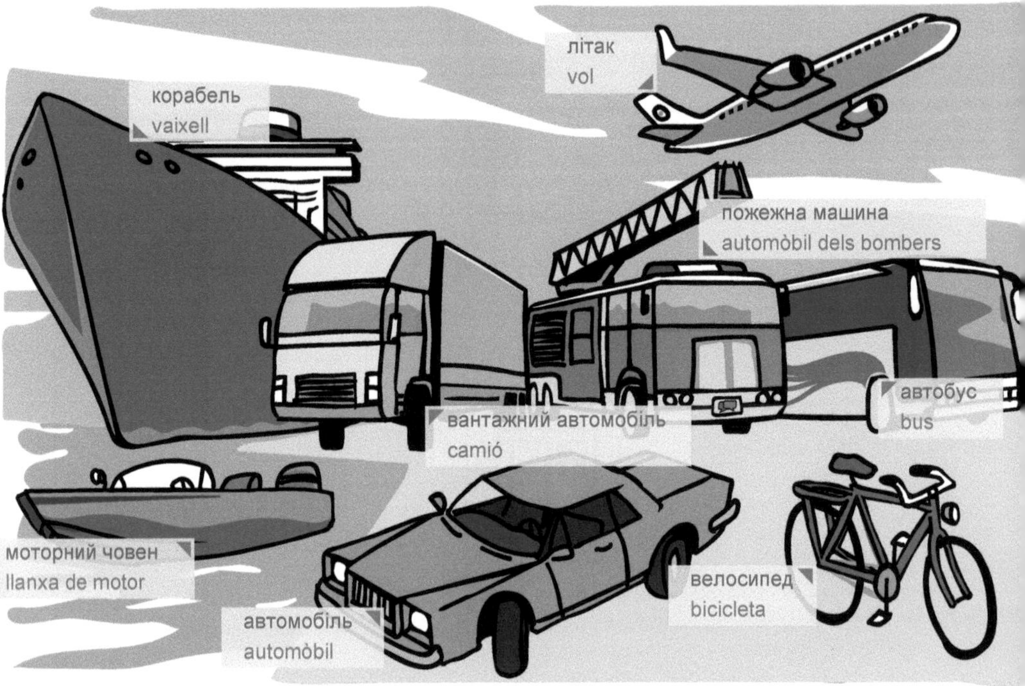

літак
vol
корабель
vaixell
пожежна машина
automòbil dels bombers
автобус
bus
вантажний автомобіль
camió
моторний човен
llanxa de motor
велосипед
bicicleta
автомобіль
automòbil

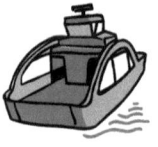

пором

transbordador

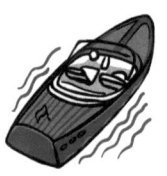

човен

barca

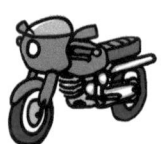

мотоцикл

moto

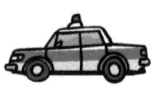

поліцейська машина

automòbil de policia

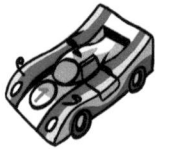

гоночний автомобіль

automòbil de curses

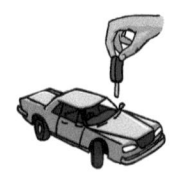

автомобіль на прокат

automòbil de lloguer

спільне користування авто

vehicle compartit

евакуатор

grua

сміттєвоз

camió de les escombraries

двигун

motor

паливо

benzina

автозаправна станція

benzineria

дорожній знак

senyal de trànsit

рух

trànsit

затор

embús

стоянка

aparcament

вокзал

estació de trens

рейки

vies

потяг

tren

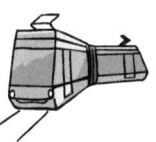

трамвай

tramvia

вагон

vagó

гелікоптер

helicòpter

аеропорт

aeroport

вежа

torre

пасажир

passatger

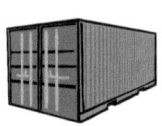

контейнер

contenidor

коробка

capsa de cartó

візок

carretó

кошик

cistella

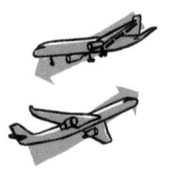

стартувати / приземлятися

enlairar-se / aterrar

місто

ciutat

село

poble

центр міста

centre de la ciutat

дім

casa

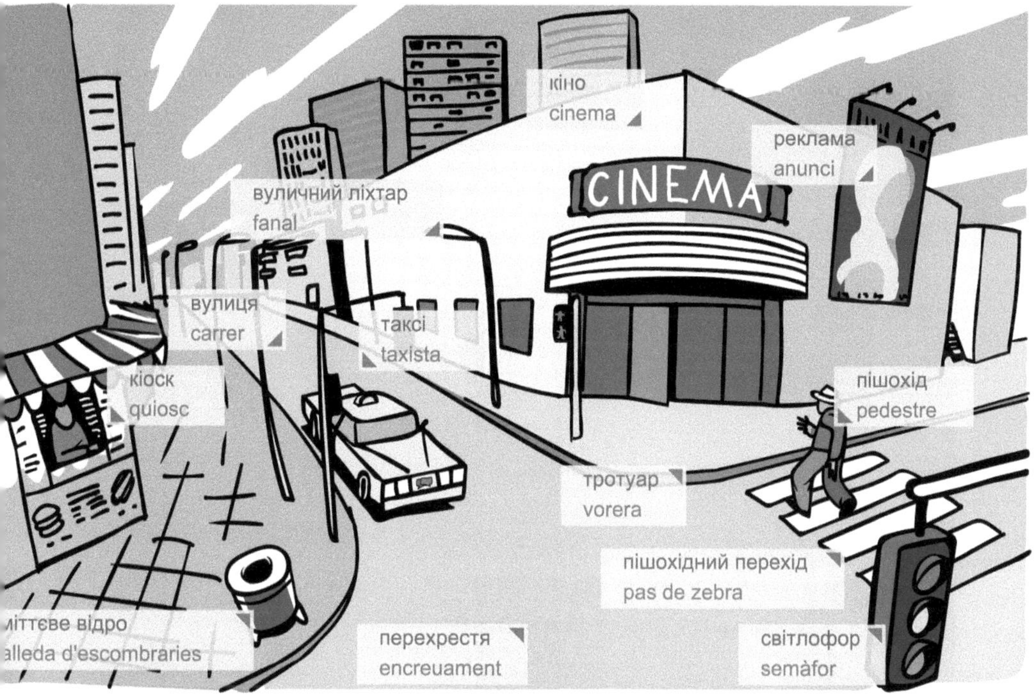

кіно
cinema

реклама
anunci

вуличний ліхтар
fanal

CINEMA

вулиця
carrer

таксі
taxista

пішохід
pedestre

кіоск
quiosc

тротуар
vorera

пішохідний перехід
pas de zebra

сміттєве відро
alleda d'escombraries

перехрестя
encreuament

світлофор
semàfor

хатина
cabana

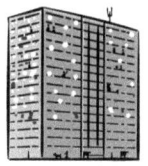

квартира
apartament

вокзал
estació de trens

ратуша
casa de la vila-ciutat

музей
museu

школа
escola

університет

universitat

банк

banca

лікарня

hospital

готель

hotel

аптека

farmàcia

офіс

oficina

книжковий магазин

llibreria

магазин

botiga

квітковий магазин

floristeria

супермаркет

supermercat

ринок

mercat

універмаг

gran magatzem

торговець рибою

peixateria

торговельний центр

centre comercial

гавань

port

парк

parc

лава

banc

міст

pont

сходи

escala

метро

metro

тунель

túnel

автобусна зупинка

parada d'autobús

бар

bar

ресторан

restaurant

поштова скринька

bústia de correu

вулична табличка

senyal indicador

лічильник паркування

parquímetre

зоопарк

zoo

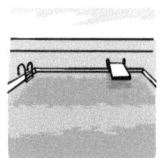

басейн

piscina

мечеть

mesquita

ферма
granja

забруднення навколишнього середовища
pol·lució

кладовище
cementiri

церква
església

дитячий майданчик
parc infantil

храм
temple

ландшафт

paisatge

листок
fulla

вказівний стовп
cartell indicador

шлях
camí

луг
prat

камінь
pedra

дерево
arbre

мандрівник
excursionista

річка
riu

трава
gespa

квітка
flor

долина

vall

гора

muntanya

озеро

llac

ліс

bosc

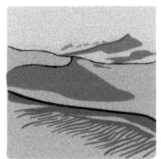

пустеля

desert

вулкан

volcà

замок

castell

веселка

arc de Sant Martí

гриб

bolet

пальма

palmera

комар

moscard

муха

mosca

мурашка

formiga

бджола

abella

павук

aranya

жук

escarabat

жаба

granota

вивірка

esquirol

їжак

eriçó

заєць

llebre

сова

òliba

птах

ocell

лебідь

cigne

кабан

senglar

олень

cervo

лось

ant

гребля

presa

вітряк

turbina

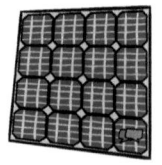

сонячний модуль

panell solar

клімат

clima

ресторан
restaurant

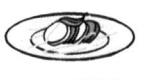

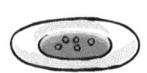

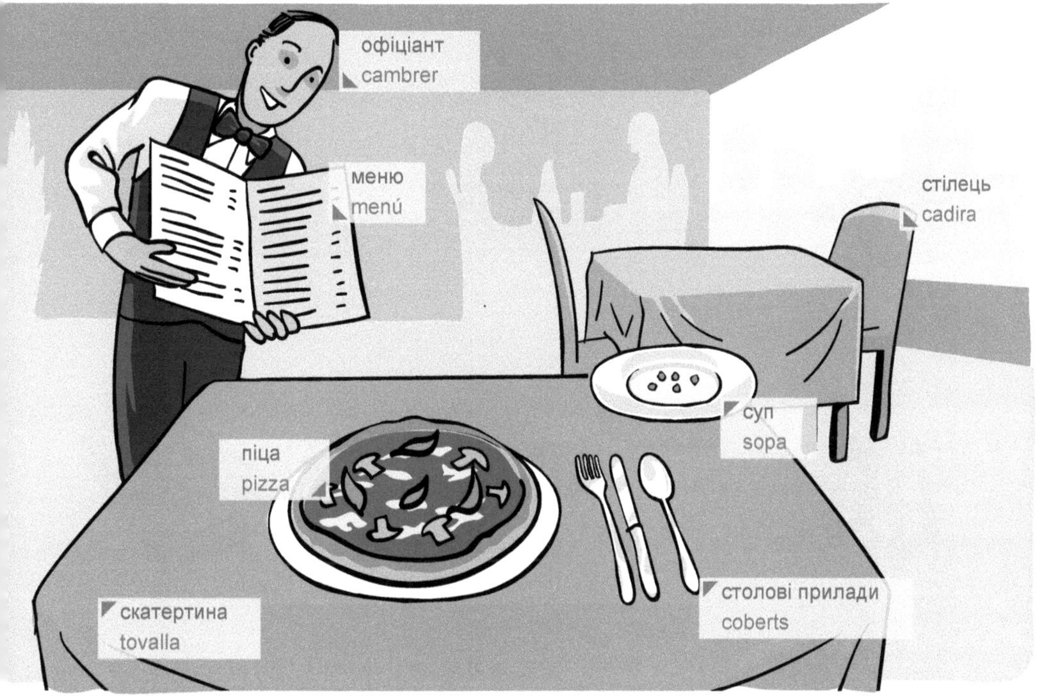
офіціант
cambrer
меню
menú
стілець
cadira
суп
sopa
піца
pizza
столові прилади
coberts
скатертина
tovalla

закуска

primer plat

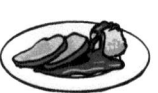

друга страва

plat principal

десерт

darreries

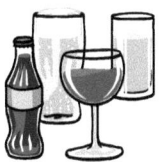

напої

begudes

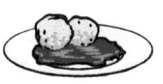

їжа

menjar

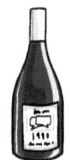

пляшка

ampolla

фаст-фуд

menjar ràpid

вулична їжа

menjar de carrer

чайник

tetera

цукорниця

sucrer

порція

porció

еспресо-машина

màquina d'espresso

високий стільчик

trona

рахунок

factura

піднос

plata

ніж

ganivet

вилка

forqueta

ложка

cullera

чайна ложка

cullereta

серветка

tovalló

склянка

got

тарілка

plat

тарілка для супу

plat de sopa

блюдце

plateret

соус

salsa

солонка

saler

млин для перцю

molinet de pebre

оцет

vinagre

масло

oli

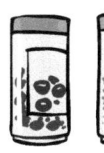

спеції

espècies

кетчуп

quètxup

гірчиця

mostassa

майонез

maionesa

супермаркет
supermercat

пропозиція
oferta especial
FOR
клієнт
client
молочні продукти
productes lactis
фрукти
fruites
візок для покупок
carret de la compra

BUTCHERS

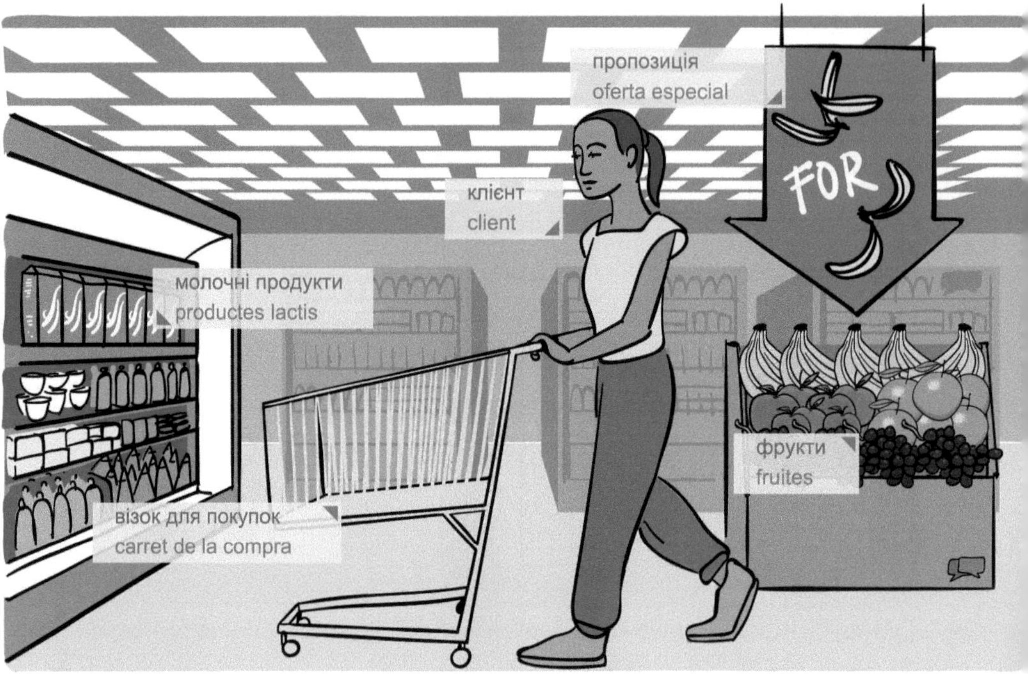

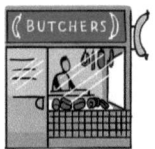

м'ясний магазин

carnisseria

BAKERY

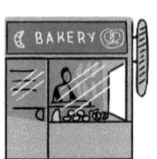

пекарня

forn de pa

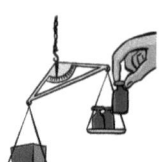

зважувати

pesar

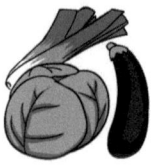

овочі

verdures

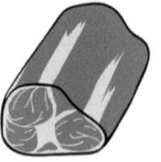

м'ясо

carn

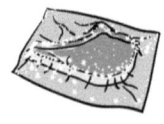

заморожені продукти

menjar congelat

ковбасна нарізка

carn freda

консерви

conserves

пральний порошок

detergent en pols

солодощі

dolços

предмети домашнього побуту

articles domèstics

мийний засіб

productes de neteja

продавщиця

venedora

каса

caixa registradora

касир

caixera

список покупок

llista de la compra

часи роботи

horari d'obertura

гаманець

portamonedes

кредитна картка

carta de crèdit

сумка

bossa

поліетиленовий пакет

bossa de plàstic

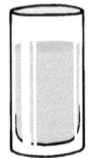

вода

aigua

сік

suc

молоко

llet

кола

coca-cola

вино

vi

пиво

cervesa

алкоголь

alcohol

какао

cacau

чай

te

кава

cafè

еспресо

espresso

капучіно

cappuccino

банан

banana

яблуко

poma

апельсин

taronja

кавун

síndria

лимон

llimona

морква

pastanaga

часник

all

бамбук

bambú

цибуля

ceba

гриб

bolet

горішки

avellanes

локшина

fideus

спагеті

espaguetis

рис

arròs

салат

amanida

картопля фрі

patates fregides

смажена картопля

patates fregides

піца

pizza

гамбургер

hamburguesa

бутерброд

entrepà

шніцель

escalopa

шинка

cuixot

салямі

salami

ковбаса

salsitxa

курка

pollastre

печеня

rostit

риба

peix

вівсяні пластівці

flocs de civada

мюслі

musli

кукурудзяні пластівці

cereals

борошно

farina

круасан

croissant

булочка

panet

хліб

pa

тостовий хліб

torrada

печиво

bescuits

масло

mantega

сир

mató

пиріг

pastís

яйце

ou

яєчня

ou fregit

сир

formatge

морозиво
gelat

цукор
sucre

мед
mel

мармелад
melmelada

нуга-крем
crema de xocolata

кapi
curri

ферма

granja

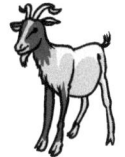

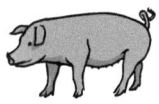

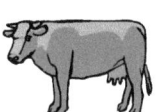

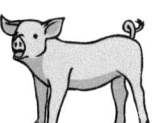

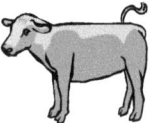

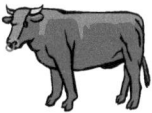

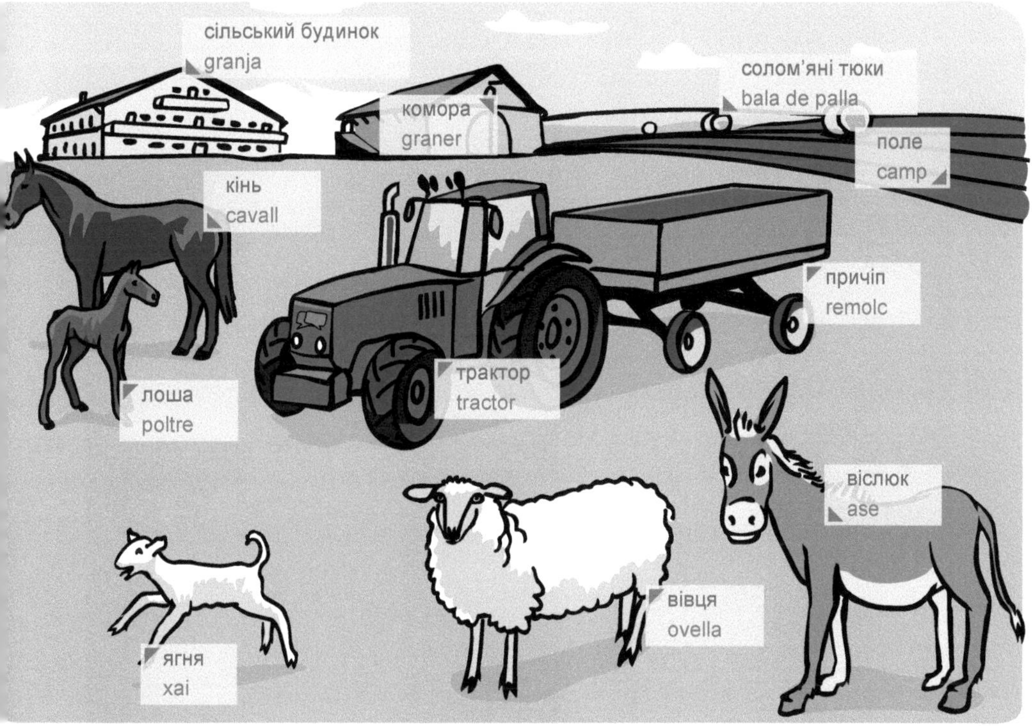
сільський будинок
granja
солом'яні тюки
bala de palla
комора
graner
поле
camp
кінь
cavall
причіп
remolc
трактор
tractor
лоша
poltre
віслюк
ase
вівця
ovella
ягня
xai

коза
cabra

корова
vaca

теля
vedella

свиня
porc

порося
garrí

бик
bou

гусак
....
oca

качка
....
ànec

курча
....
poll

курка
....
gall

півень
....
gallina

щур
....
rata

кіт
....
gat

миша
....
ratolí

віл
....
bou

собака
....
gos

собача будка
....
gossera

садовий шланг
....
mànega de regar

лійка
....
regadora

коса
....
dalla

плуг
....
arada

серп

falç

мотика

aixada

вила

forca

сокира

destral

тачка

carretó

корито

abeurador

бідон молока

lletera

мішок

sac

паркан

tanca

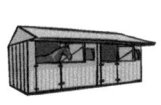

хлів

establa

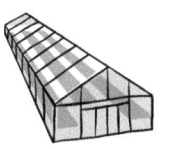

теплиця

hivernacle

ґрунт

sòl

насіння

llavor

добриво

adob

комбайн

collidora

пожинати

collir

урожай

collita

корінь ямсу

nyam

пшениця

blat

соя

soja

картопля

patata

кукурудза

blat de moro o d'indi

ріпак

colza

плодове дерево

arbre fruiter

маніок

mandioca

злаки

cereals

дім

casa

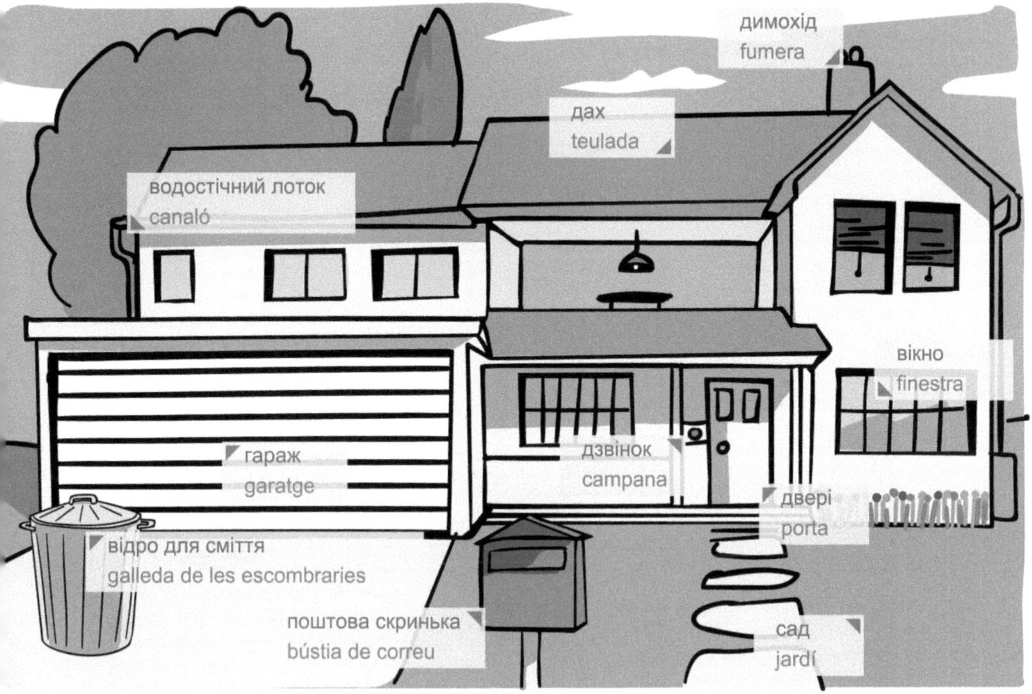
димохід
fumera
дах
teulada
водостічний лоток
canaló
вікно
finestra
гараж
garatge
дзвінок
campana
двері
porta
відро для сміття
galleda de les escombraries
поштова скринька
bústia de correu
сад
jardí

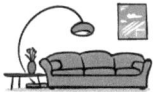

вітальня

sala d'estar

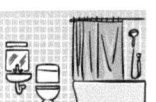

ванна кімната

bany

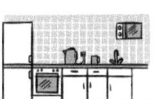

кухня

cuina

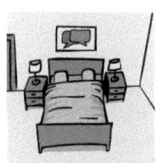

спальня

cambra de dormir

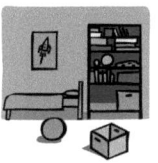

дитяча кімната

cambra de nen

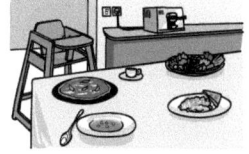

їдальня

menjador

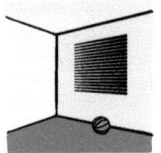

підлога

sòl

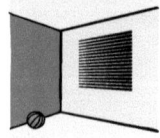

стіна

paret

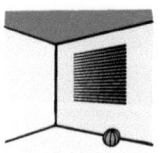

стеля

sostre

підвал

soterrani

сауна

sauna

балкон

balcó

тераса

terrassa

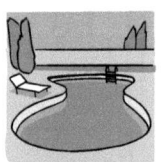

басейн

piscina

косарка

tallagespa

простирало

vànova

ковдра

cobrellit

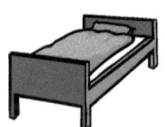

ліжко

llit

мітла

escombra

відро

galleda

перемикач

interruptor

вітальня
sala d'estar

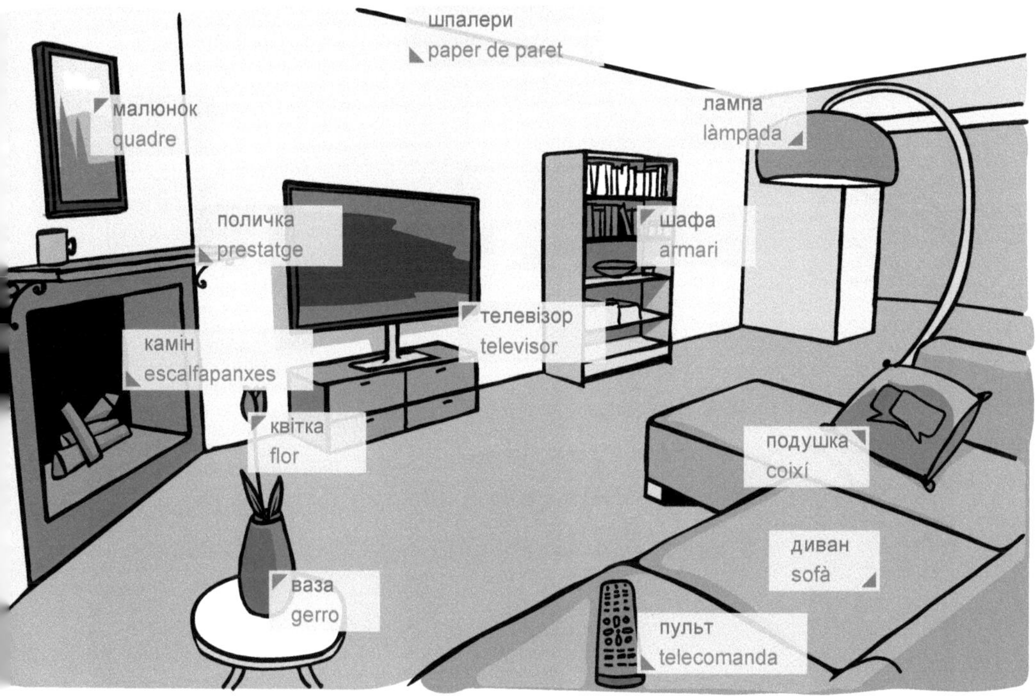
шпалери
paper de paret
малюнок
quadre
лампа
làmpada
поличка
prestatge
шафа
armari
телевізор
televisor
камін
escalfapanxes
квітка
flor
подушка
coixí
диван
sofà
ваза
gerro
пульт
telecomanda

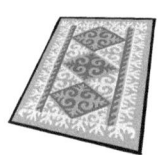

килим
catifa

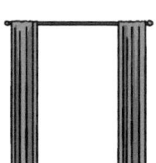

завіса
cortina

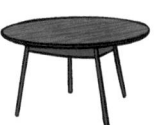

стіл
taula

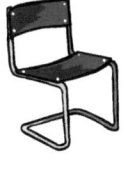

стілець
cadira

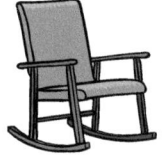

крісло-гойдалка
cadira gronxadora

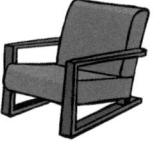

крісло
cadiral

книга

llibre

ковдра

llençol

прикраса

decoració

дрова

llenya

фільм

film

стереосистема

cadena de música

ключ

clau

газета

diari

картина

pintura

плакат

cartell

радіо

ràdio

блокнот

bloc de notes

пилосос

aspiradora

кактус

cactus

свічка

candela

кухня
cuina

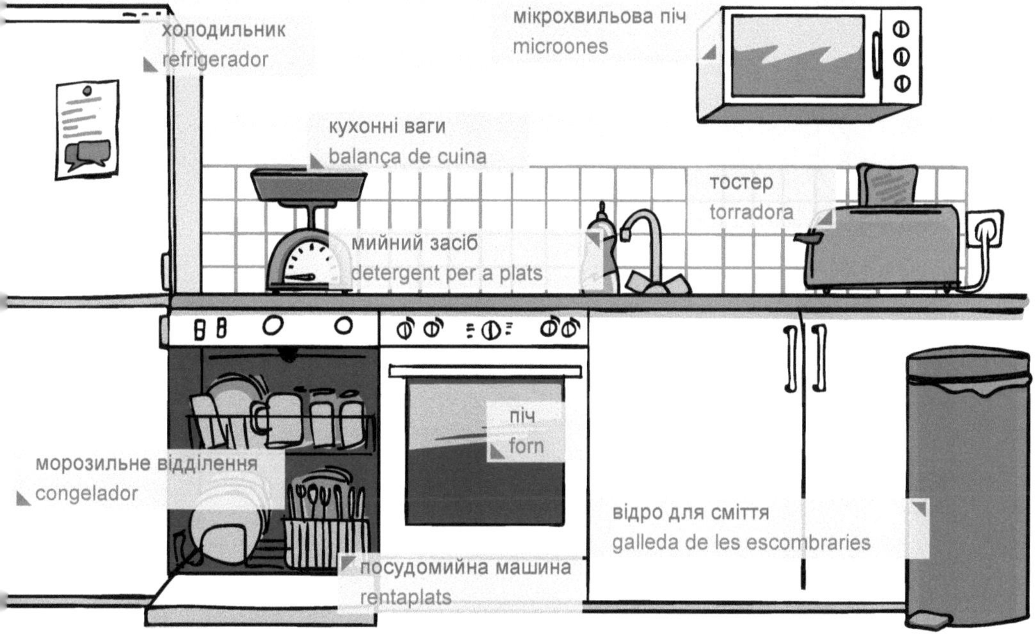

холодильник
refrigerador
мікрохвильова піч
microones
кухонні ваги
balança de cuina
тостер
torradora
мийний засіб
detergent per a plats
піч
forn
морозильне відділення
congelador
відро для сміття
galleda de les escombraries
посудомийна машина
rentaplats

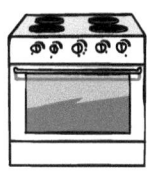

плита

cuina de fogons

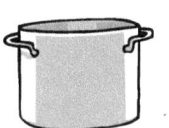

горщик

olla

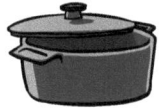

чавунний горщик

olla de ferro colat

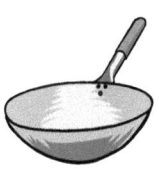

вок / кадай

wok / karahi

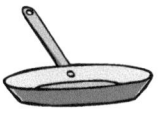

сковорода

paella

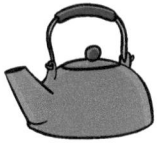

чайник

bullidor

пароварка

olla de vapor

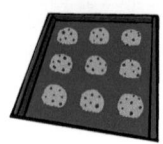

лист

plata de forn

посуд

vaixella

кухоль

tassa grossa

чаша

bol

палички для їжі

bastonets xinesos

черпак

culler

лопатка

espàtula

вінчик для збивання

batedor

сито

colador

сито

sedàs

терка

ratllador

ступка

morter

барбекю

barbacoa

багаття

foc a terra

дошка

taula de tallar

качалка

corró

штопор

llevataps

конзерва

pot de conserva

відкривачка

obridor

прихватки

agafador

раковина

aigüera

щітка

raspall

губка

esponja

міксер

batedora

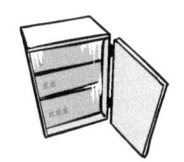

морозильна камера

congelador

дитяча пляшка

biberó

кран

aixeta

ванна кімната

bany

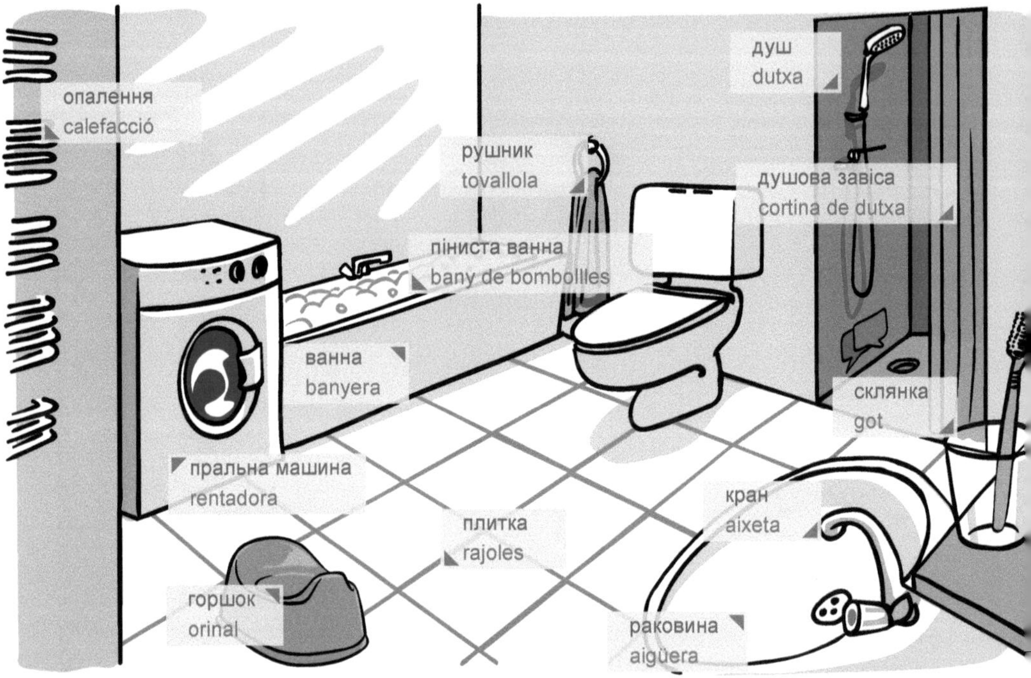
опалення
calefacció
рушник
tovallola
душ
dutxa
душова завіса
cortina de dutxa
піниста ванна
bany de bombolles
ванна
banyera
склянка
got
пральна машина
rentadora
кран
aixeta
плитка
rajoles
горшок
orinal
раковина
aigüera

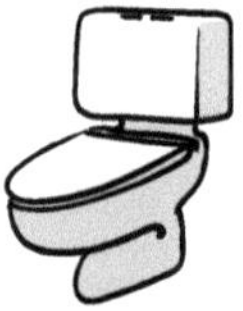

туалет

lavabo

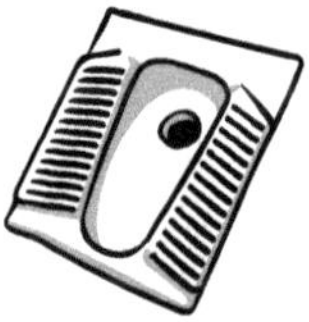

підлоговий туалет

lavabo turc

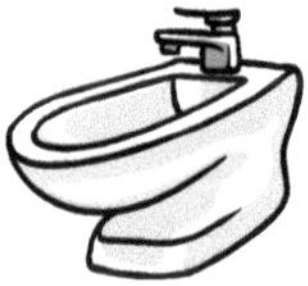

біде

bidet

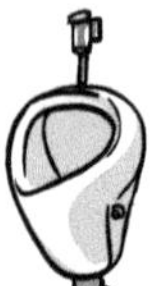

пісуар

orinador

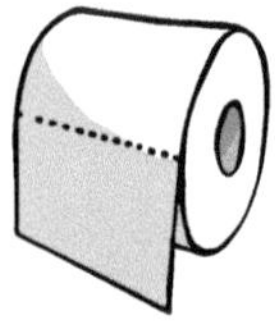

туалетний папір

paper higiènic

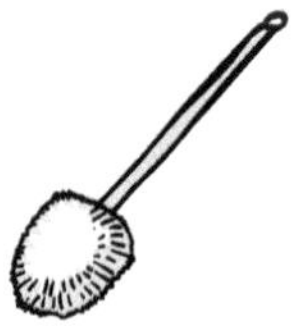

щітка для туалету

escombreta de sanitari

зубна щітка

raspall de dents

зубна паста

pasta de dents

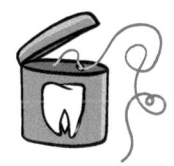

нитка для чищення зубів

fil dental

мити

rentar

ручний душ

pom de dutxa

інтимний душ

dutxa íntima

таз

rentamans

щітка для спини

raspall per a l'esquena

мило

sabó

гель для душу

gel de dutxa

шампунь

xampú

мочалка

manyopla de bany

водостік

bonera

крем

crema

дезодорант

desodorant

дзеркало

mirall

косметичне дзеркало

mirall-espill de mà

бритва

maquineta de rasar

піна для гоління

espuma de barbejar

лосьйон після гоління

loció post-rasada

гребінь

pinta

щітка

raspall

фен

eixugador

лак для волосся

laca

косметика

maquillatge

губна помада

pintallavis

лак для нігтів

esmalt d'ungles

вата

cotó

ножиці для нігтів

tallaungles

парфум

perfum

косметичка

estoig de bellesa

табурет

tamboret

ваги

bàscula

халат

barnús

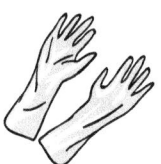

гумові рукавички

guants de goma

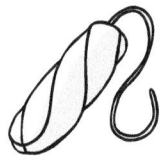

тампон

compresa higiènica

гігієнічні прокладки

compresa

біотуалет

sanitari químic

дитяча кімната

cambra de nen

будильник
despertador
м'яка іграшка
animal de peluix
іграшковий автомобіль
auto de joguina
брязкальце
sonall
ляльковий будиночок
casa de nines
подарунок
present

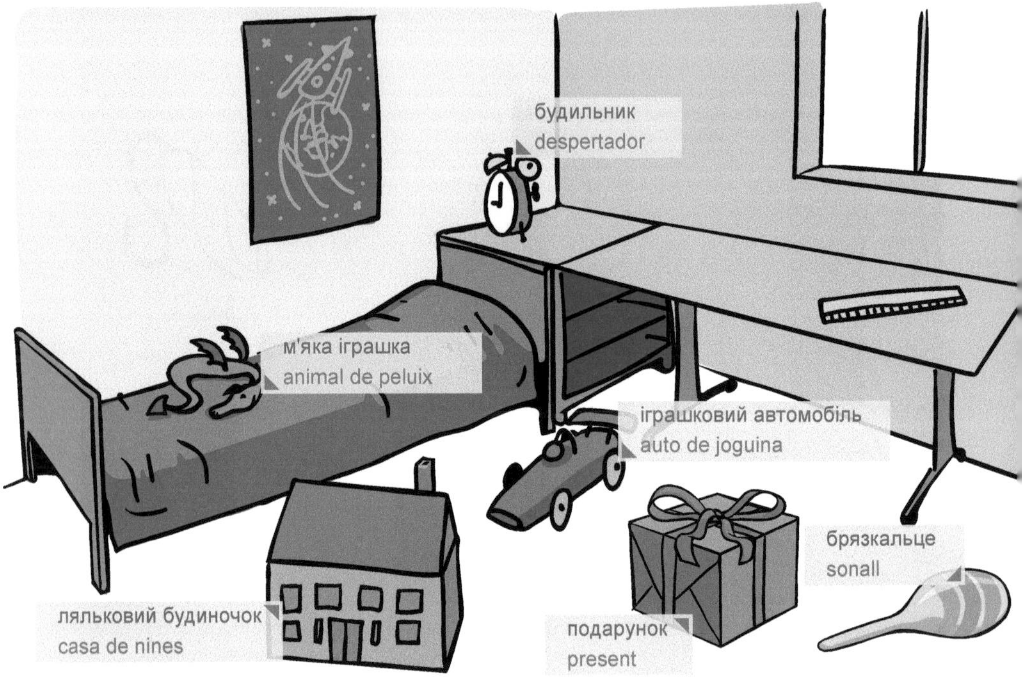

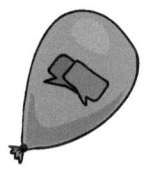

повітряна кулька

baló

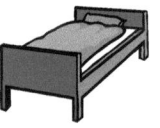

ліжко

llit

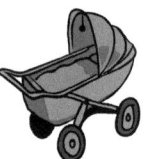

дитячий візок

cotxet per a nens

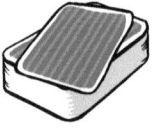

картярська гра

joc de cartes

пазл

trencaclosca

SUPER
MEGA

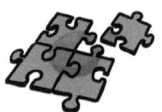

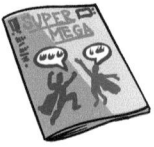

комікс

historieta

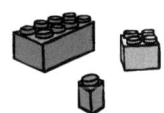

лего цеглинки

peces de lego

блоки

peces de construcció

іграшкова фігурка

ninot d'acció

повзунки

granota

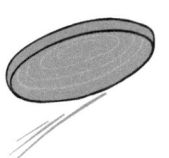

фризбі

frisbee

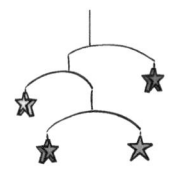

мобіле

mòbil per a bressol

настільна гра

joc de taula

кубик

daus

модель залізнична станція

tren elèctric

соска

xumet

вечірка

festa

книжка з картинками

llibre de dibuixos

м'яч

pilota

лялька

nina

грати

jugar

пісочниця

sorrera

гойдалка

gronxador

іграшка

joguines

гральна консоль

consola de jocs de vídeo

триколісний велосипед

tricicle

плюшевий мішка

osset de peluix

шафа

armari

одяг

roba

шкарпетки

mitjons

панчохи

mitges

колготки

mitja pantaló

шарф
tapacoll

ремінь
cintura

парасоля
paraigua

футболка
camiseta

чоботи
botes

домашнє взуття
plantofes

кросівки
sabates d'esport

сандалі
sandàlies

взуття
sabates

гумові чоботи
botes de goma

труси
calçonets

бюстгальтер
sostenidor

нижня сорочка
guardapits

одяг - roba

45

боді

jjustacòs

штани

pantalons

джинси

jeans

спідниця

faldeta

блузка

brusa

сорочка

camisa

пуловер

jersei

светр

dessuadora

піджак

blazer

куртка

jaqueta

пальто

mantell

дощовик

impermeable

костюм

vestit de dona

сукня

vestit de dona

весільна сукня

vestit de núvia

костюм

vestit d'home

нічна сорочка

camisa de dormir

піжама

pijama

сарі

sari

головна хустка

mocador de cap

чалма

turbant

бурка

burca

кафтан

caftan

абая

abaia

купальник

vestit de bany

плавки

calçon(et)s de bany

шорти

pantalons curts

тренувальний костюм

xandall

фартух

davantal

рукавички

guants

гудзик

botó

окуляри

ulleres

браслет

braçalet

ланцюг

collaret

кільце

anell

сережка

orellera

шапка

casquet

плічка

penjador

капелюх

capell

краватка

corbata

застібка-блискавка

cremallera

шолом

casc

підтяжки

elàstics

шкільна форма

uniforme escolar

уніформа

uniforme

нагрудник

pitet

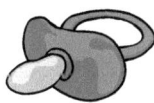

соска

xumet

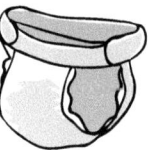

підгузок

bolquer

офіс

oficina

сервер
servidor

шаф для документів
armari arxivador

принтер
impressora

монітор
monitor

папір
paper

письмовий стіл
escriptori

миша
ratolí

папка
arxivador

синтезатор
teclat

кошик для паперу
paperega

стілець
cadira

комп'ютер
ordinador

кавовий кухоль

tassa de cafè

калькулятор

calculadora

інтернет

Internet

ноутбук

ordinador portàtil

лист

lletra

повідомлення

missatge

мобільний телефон

mòbil

мережа

xarxa

копіювальний пристрій

fotocopiadora

програмне забезпечення

programari

телефон

telèfon

розетка

presa de corrent

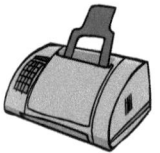

факс

fax

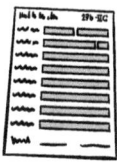

бланк

formulari

документ

document

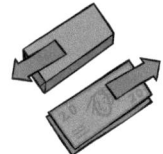

купувати

comprar

платити

pagar

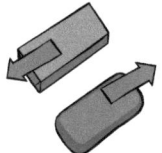

торгувати

comerciar

гроші

diners

долар

dòlar

євро

euro

ієна

ien

рубль

ruble

франк

franc suís

юанів женьміньбі

renminbi

рупія

rupia

банкомат

caixa automàtica

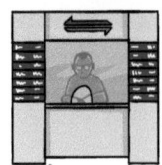

обмінний пункт

oficina de canvi

золото

or

срібло

argent

нафта

petroli

енергія

energia

ціна

preu

контракт

contracte

податок

impost

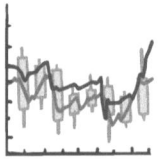

акція

acció

працювати

treballar

працівник

treballador

роботодавець

empresari

фабрика

fàbrica

магазин

botiga

економіка - economia

професії

oficis

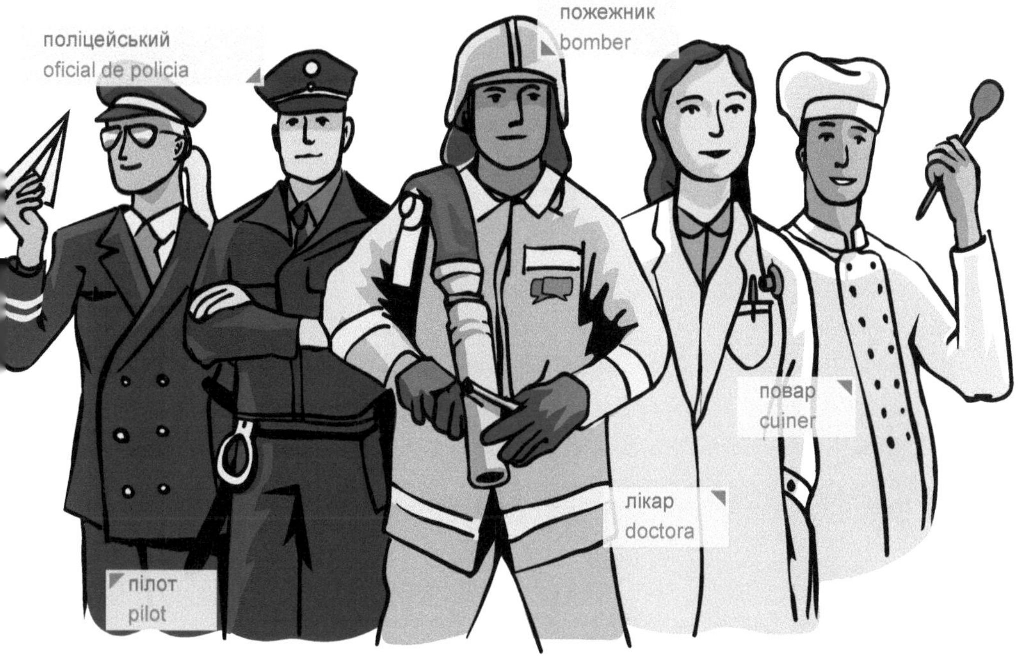

поліцейський
oficial de policia
пожежник
bomber
повар
cuiner
лікар
doctora
пілот
pilot

садівник

jardiner

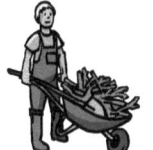

столяр

fuster

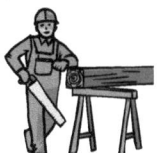

швачка

costurera

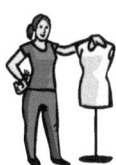

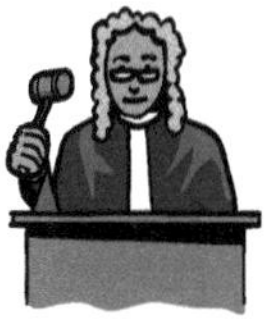

суддя

jutge

хімік

química

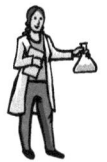

актор

actor

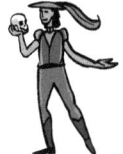

водій автобуса

conductor d'autobús

таксист

taxista

рибалка

pescador

прибиральниця

dona de la neteja

покрівельник

ensostrador

офіціант

cambrer

мисливець

caçador

художник

pintor

пекар

forner

електрик

electricista

будівельник

obrer de la construcció

інженер

enginyer

забійник

carnisser

бляхар

llanterner

листоноша

correu

солдат

soldat

архітектор

arquitecte

касир

caixera

флорист

florista

перукар

perruquer

кондуктор

revisor

механік

mecànic

капітан

capità

дантист

dentista

вчений

científic

рабин

rabí

імам

imam

монах

monjo

пастор

capellà

інструменти

eines

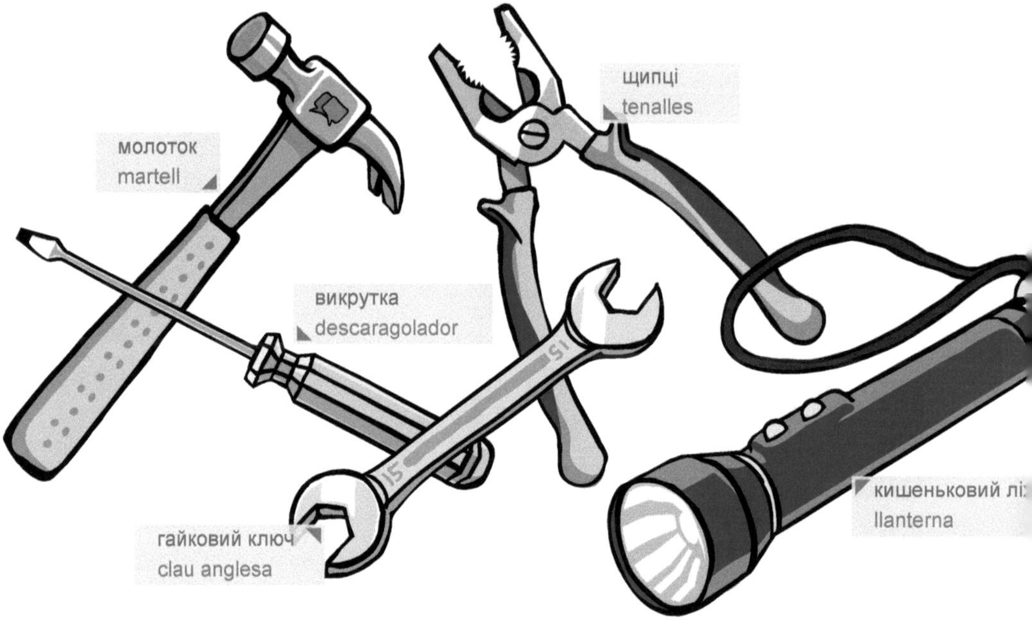
щипці
tenalles
молоток
martell
викрутка
descaragolador
кишеньковий лі
llanterna
гайковий ключ
clau anglesa

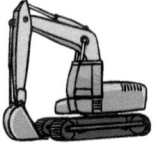

екскаватор

excavadora

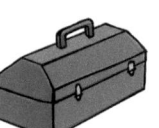

ящик для інструментів

caixa d'eines

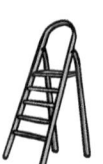

драбина

escala

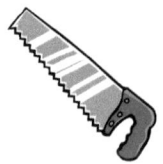

пилка

serra

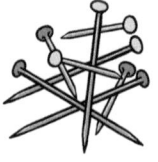

цвяхи

claus

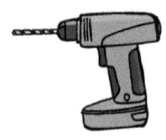

свердло

trepant

ремонтувати

reparar

лопата

pala

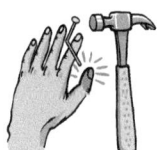

лайно!

Maleït siga!

совок

pala

відро з фарбою

pot de pintura

гвинти

caragols

музичні інструменти
instrument de música

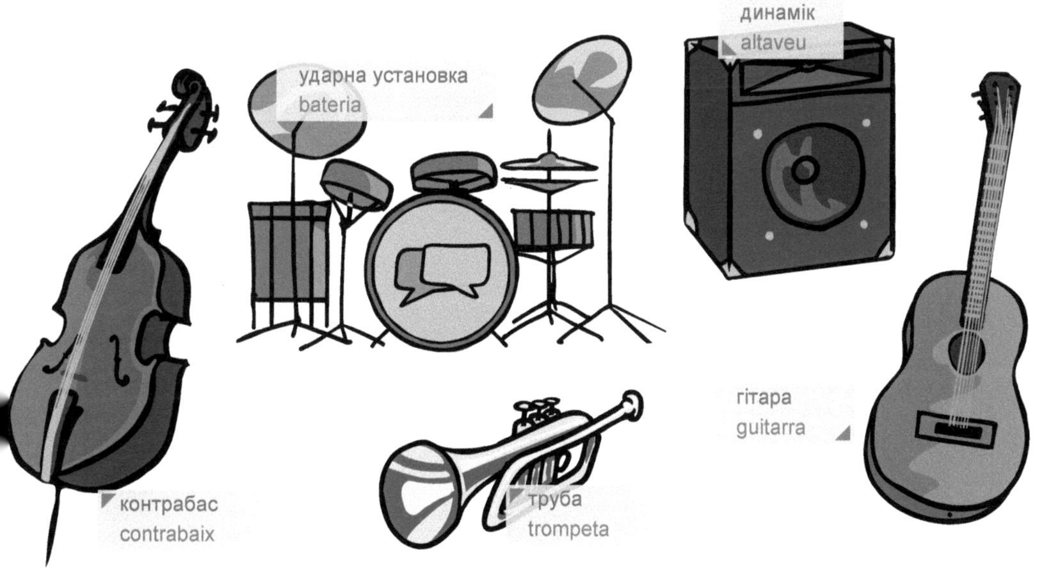

ударна установка
bateria

динамік
altaveu

гітара
guitarra

контрабас
contrabaix

труба
trompeta

фортепіано

piano

скрипка

violí

бас

baix

литаври

timbal

барабан

tambor

клавіатура

teclat

саксофон

saxofon

флейта

flauta

мікрофон

micròfon

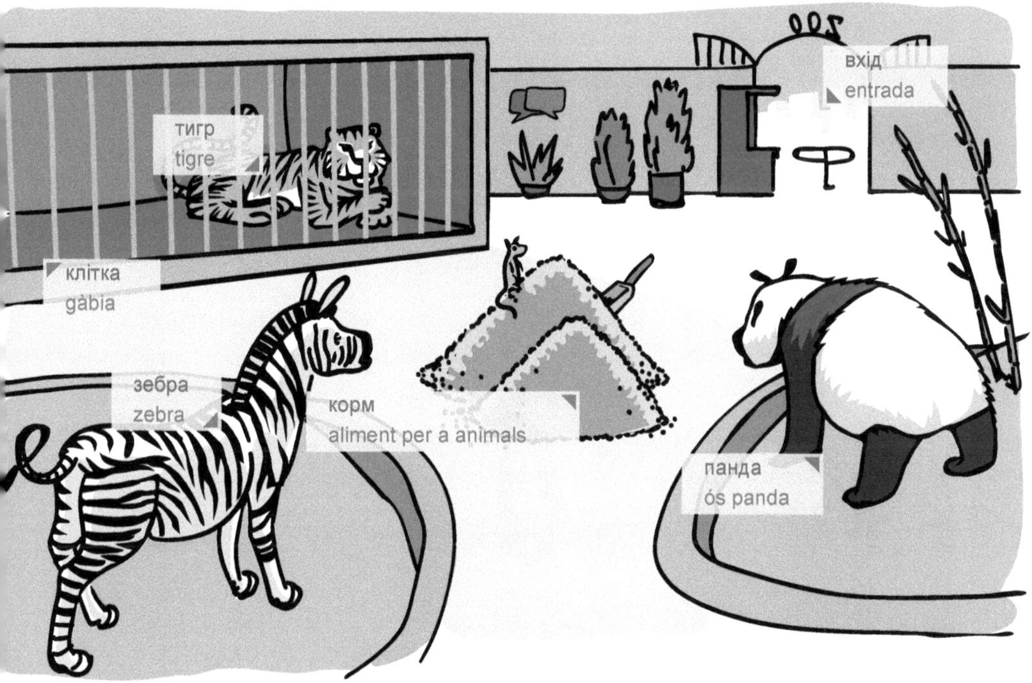

тигр
tigre

вхід
entrada

клітка
gàbia

зебра
zebra

корм
aliment per a animals

панда
ós panda

тварини

animals

слон

elefant

кенгуру

cangurú

носоріг

rinoceront

горила

goril·la

ведмідь

ós

верблюд

camell

страус

estruç

лев

lleó

мавпа

simi

фламінго

flamenc

папуга

papagai

білий ведмідь

ós polar

пінгвін

pingüí

акула

ca mari

павич

paó

змія

serp

крокодил

cocodril

працівник зоопарку

guardià del zoo

тюлень

foca

ягуар

jaguar

поні

poni

леопард

lleopard

гіпопотам

hipopòtam

жираф

girafa

орел

àliga

кабан

senglar

риба

peix

черепаха

tortuga

морж

morsa

лисиця

guineu

газель

gasela

американський футбол
futbol americà

їзда на велосипеді
ciclisme

теніс
tenis

баскетбол
bàsquet

плавання
natació

бокс
boxa

хокей
hoquei sobre gel

футбол
futbol americà

бадмінтон
bàdminton

легка атлетика
atletisme

гандбол
handbol

лижні перегони
esquí

поло
polo

стрибати
saltar

обіймати
abraçar

сміятися
riure

йти
anar

співати
cantar

молитися
pregar

мріяти
somiar

цілувати
fer un petó

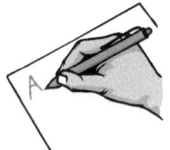

писати
escriure

малювати
dibuixar

показувати
mostrar

тиснути
pitjar

давати
donar

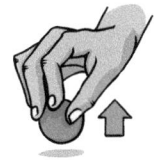

брати
prendre

мати

tenir

робити

fer

бути

ésser

стояти

estar dret

бігати

córrer

тягнути

estirar

кидати

llançar

падати

caure

лежати

jeure

очікувати

esperar

носити

portar

сидіти

asseure's

одягати

vestir-se

спати

dormir

просипатися

despertar-se

дивитися

mirar

плакати

plorar

гладити

amoixar

розчісувати

pentinar

розмовляти

parlar

розуміти

comprendre

питати

demanar

слухати

escoltar

пити

beure

їсти

menjar

прибирати

endreçar

любити

estimar

варити

cuinar

їхати

conduir

літати

volar

йти під вітрилом

navegar

рахувати

calcular

читати

llegir

вчитися

aprendre

працювати

treballar

одружуватися

casar-se

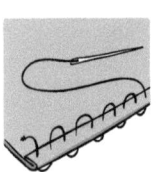

шити

cosir

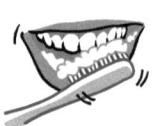

чистити зуби

raspallar-se les dents

убивати

matar

курити

fumar

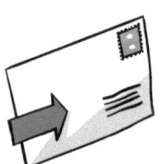

посилати

enviar

бабуся
àvia

дідуся
avi

батько
pare

мати
mare

немовля
nadó

донька
filla

син
fill

гість

convidat

тітка

tia

дядько

oncle

брат

germà

сестра

germana

тіло

cos

чоло
front
око
ull
плече
espatlla
палець
dit
обличчя
cara
підборіддя
barbeta
кисть
mà
нога
cama
груди
pit
рука
braç

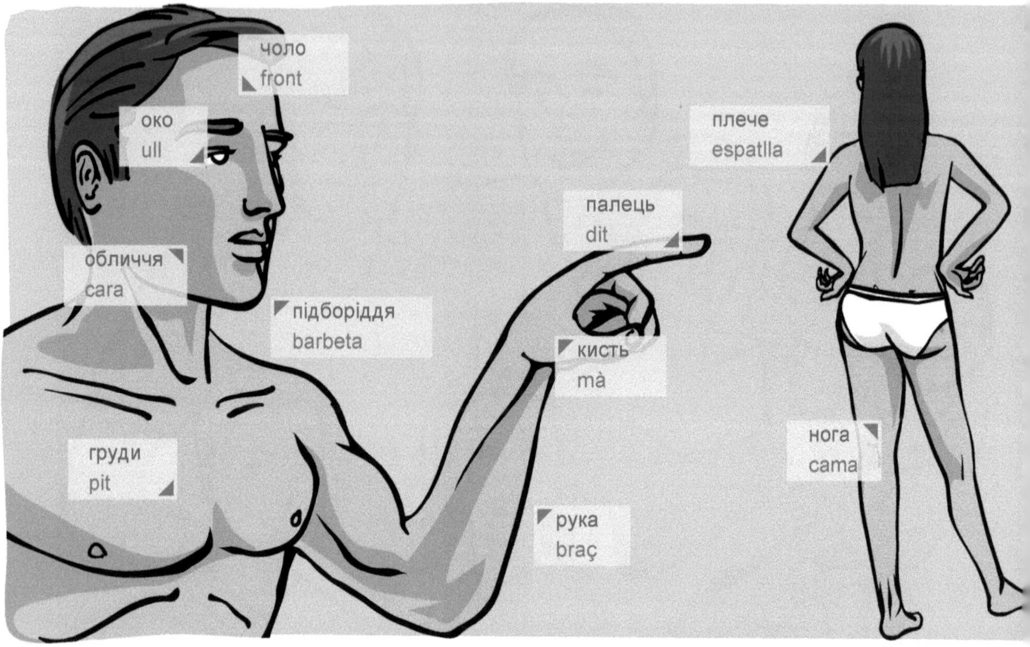

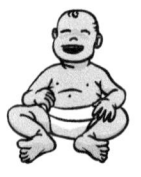

немовля
nadó

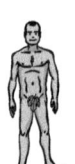

чоловік
home

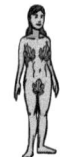

жінка
dona

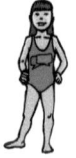

дівчина
noia

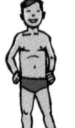

хлопчик
noi

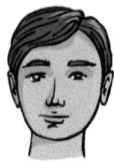

голова
cap

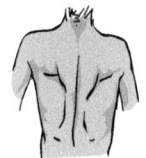

спина

esquena

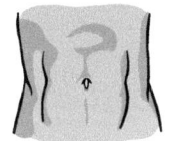

живіт

panxa

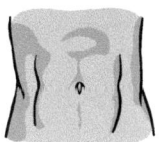

пуп

melic

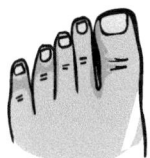

палець ноги

dit gros del peu

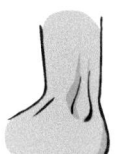

п'ята

taló

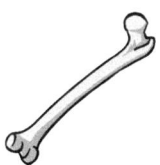

кістка

os

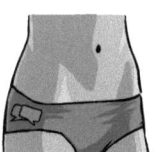

стегно

maluc

коліно

genoll

лікоть

colze

ніс

nas

сідниці

cul

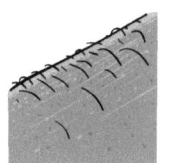

шкіра

pell

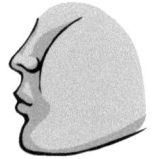

щока

galta

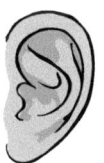

вухо

orella

губа

llavi

рот

boca

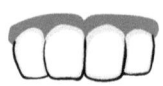

зуб

dent

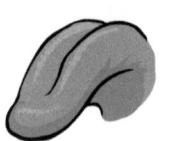

язик

llengua

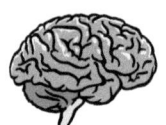

мозок

cervell

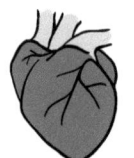

серце

cor

м'яз

múscul

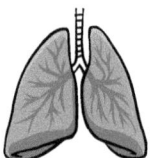

легені

pulmó

печінка

fetge

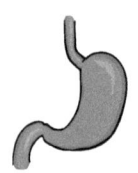

шлунок

estómac

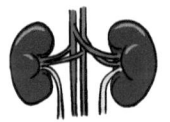

нирки

ronyó

статевий акт

relació sexual

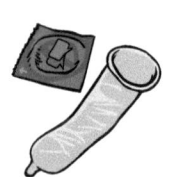

презерватив

preservatiu

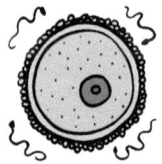

яйцеклітина

ovari

сперма

semen

вагітність

prenyat

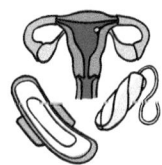

менструація

menstruació

вагіна

vagina

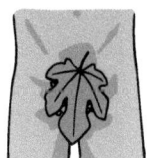

пеніс

penis

брова

cella

волосся

cabells

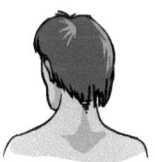

шия

coll

лікарня
hospital

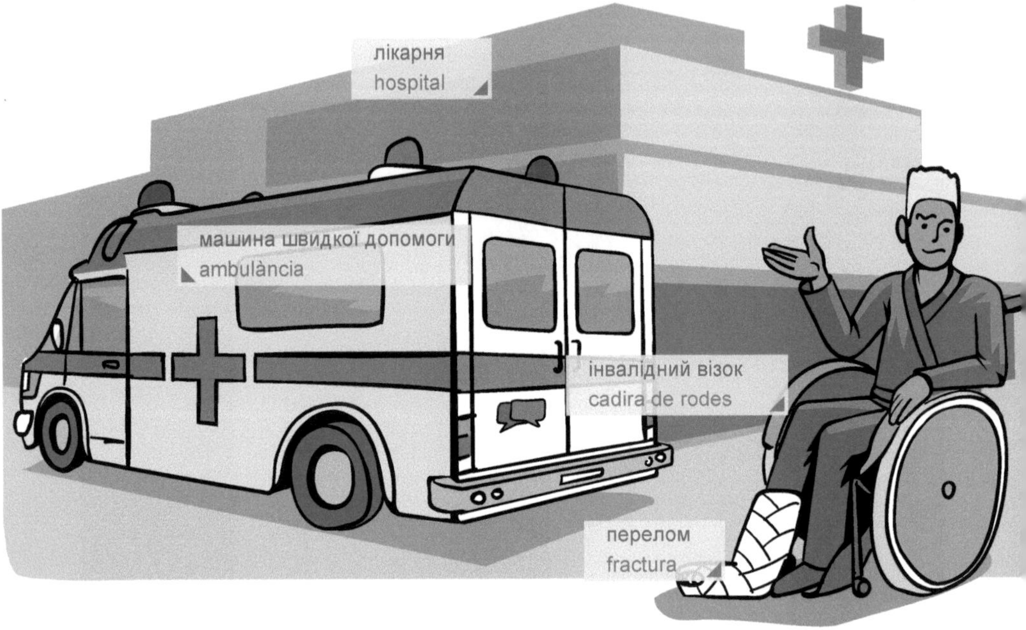

лікарня
hospital
машина швидкої допомоги
ambulància
інвалідний візок
cadira de rodes
перелом
fractura

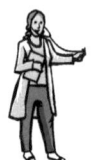

лікар

doctora

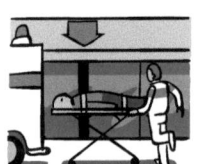

відділення швидкої медичної допомоги

sala d'urgències

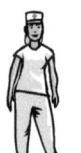

медсестра

infermera

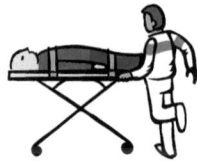

аварійний випадок

urgència

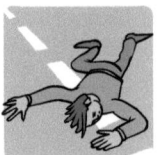

непритомний

inconscient

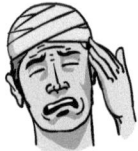

біль

dolor

травма

ferida

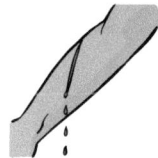

кровотеча

sagnament

інфаркт

atac de cor

інсульт

apoplexia

алергія

al·lèrgia

кашель

tos

лихоманка

febre

грип

gripa

пронос

diarrea

головна біль

mal de cap

рак

càncer

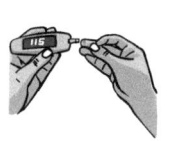

діабет

diabetis

хірург

cirurgià

скальпель

escalpel

операція

operació

КТ

tomografia computada (TC), TAC

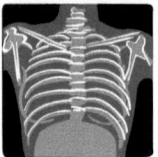

рентген

raigs x

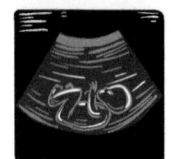

ультразвук

ultrasò

маска

mascareta

хвороба

malaltia

зал очікування

sala d'espera

милиця

crossa

пластир

tireta

пов'язка

embenat

ін'єкція

injecció

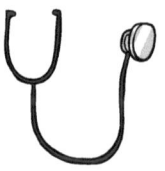

стетоскоп

estetoscopi

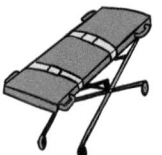

ноші

llitera

термометр

termòmetre clínic

народження

pariment

надмірна вага

sobrepès

слуховий апарат

aparell auditiu

дезінфікуючий засіб

desinfectant

інфекція

infecció

вірус

virus

ВІЛ / СНІД

VIH / SIDA

медицина

medicina

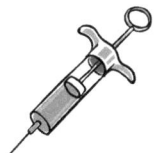

вакцинація

vaccí

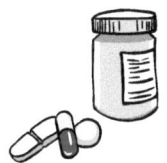

таблетки

comprimits

протизаплідна пігулка

píl·lola

екстрений виклик

trucada d'urgència

тонометр

tensiòmetre

хворий / здоровий

malalt / sà

Допоможіть!

Socors!

сигнал тривоги

alarma

напад

assalt

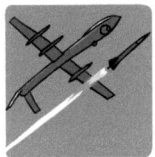

атака

atac

небезпека

perill

аварійний вихід

sortida-eixida d'urgència

Вогонь!

Foc!

вогнегасник

extintor

аварія

accident

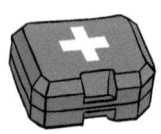

аптечка

farmaciola de primers auxilis

СОС

SOS

поліція

policia

Європа

Europa

Північна Америка

Amèrica del Nord

Південна Америка

Amèrica del Sud

Африка

Àfrica

Азія

Àsia

Австралія

Austràlia

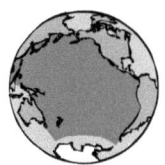

Атлантика

Atlàntic

Тихий океан

Pacífic

Індійський океан

Oceà Índic

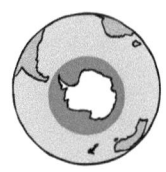

Антарктичний океан

Oceà Antàrtic

Північний Льодовитий
океан

Oceà Àrtic

Північний полюс

pol nord

Південний полюс

pol sud

Антарктика

Antàrtida

Земля

terra

суша

país

море

mar

острів

illa

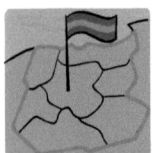

нація

nació

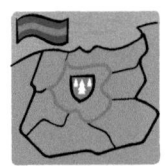

держава

estat

циферблат

quadrant

годинникова стрілка

agulla de les hores

хвилинна стрілка

agulla dels minuts

секундна стрілка

agulla dels segons

Котра година?

Quina hora és?

день

dia

час

temps

зараз

ara

цифровий годинник

rellotge digital

хвилина

minut

година

hora

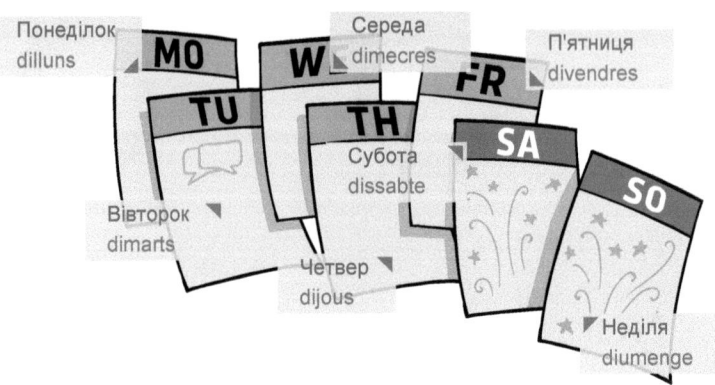

Понеділок
dilluns

Середа
dimecres

П'ятниця
divendres

Вівторок
dimarts

Четвер
dijous

Субота
dissabte

Неділя
diumenge

вчора

ahir

сьогодні

avui

завтра

demà

ранок

matí

опівдні

migdia

вечір

tarda

робочі дні

dia feiner

кінець робочого тижня

cap de setmana

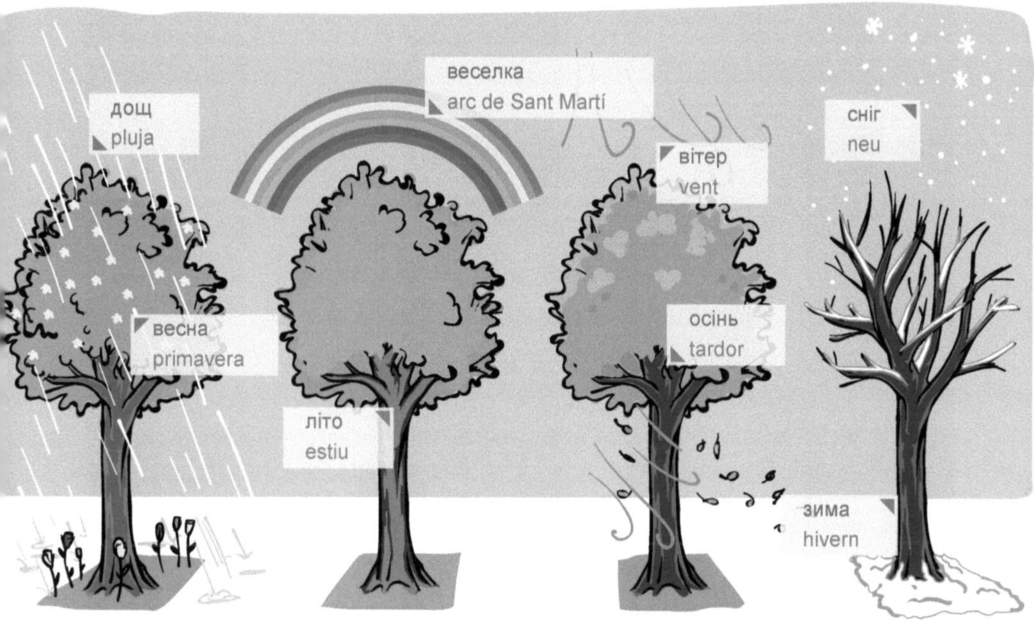

дощ
pluja
веселка
arc de Sant Martí
сніг
neu
вітер
vent
весна
primavera
осінь
tardor
літо
estiu
зима
hivern

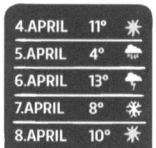

4.APRIL 11°
5.APRIL 4°
6.APRIL 13°
7.APRIL 8°
8.APRIL 10°
прогноз погоди
pronòstic del temps

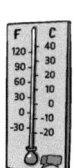

F
C
120
90
60
30
0
-30
40
30
20
10
0
-10
-20
термометр
termòmetre

сонячне світло
llum del sol

хмара
núvol

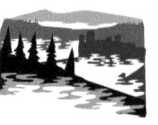

туман
boira

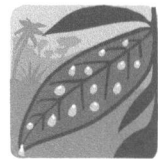

вологість повітря
humiditat de l'aire

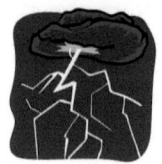

блискавка

llamp

грім

tro

шторм

tempesta

град

calamarsa

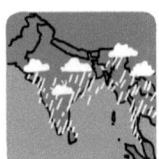

мусон

monsó

повінь

inundació

лід

gel

Січень

gener

Лютий

febrer

Березень

març

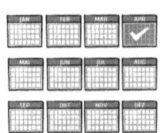

Квітень

abril

Травень

maig

Червень

juny

Липень

juliol

Серпень

agost

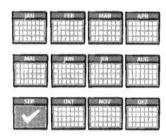

Вересень

setembre

Жовтень

octubre

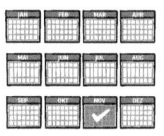

Листопад

novembre

Грудень

desembre

круг

cercle

квадрат

quadrat

прямокутник

rectangle

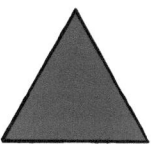

трикутник

triangle

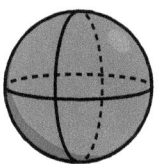

куля

esfera

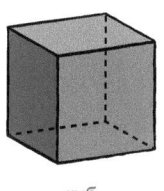

куб

cub

білий

blanc

жовтий

groc

помаранчевий

taronja

рожевий

rosa

червоний

vermell

фіолетовий

lila

синій

blau

зелений

verd

коричневий

marró

сірий

gris

чорний

negre

багато / мало

molt / poc

лютий / мирний

emprenyat / tranquil

гарний / бридкий

bonic / lleig

початок / кінець

començament / fi

великий / малий

gran / petit

світлий / темний

clar / fosc

брат / сестра

germà / germana

чистий / брудний

net / brut

завершений / незавершений

complet / incomplet

день / ніч

dia / nit

мертвий / живий

mort / viu

широкий / вузький

ample / estret

їстівний / неїстівний

comestible / immenjable

злий / дружній

dolent / amable

збуджений / нудьгуючий

entusiasmat / entediat

товстий / тонкий

gros / prim

спочатку / востаннє

primer / darrer

друг / ворог

amic / enemic

повний / порожній

ple / buit

жорсткий / м'який

dur / tou

важкий / легкий

pesant / lleuger

голод / спрага

gana / set

хворий / здоровий

malalt / sà

незаконний / законний

il·legal / legal

розумний / дурний

intel·ligent / ximple

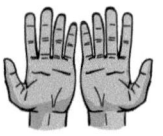

вліво / вправо

esquerra / dreta

поруч / далеко

prop / llunyà

новий / використаний

nou / usat

нічого / щось

res / quelcom

старий / молодий

vell / jove

вкл / викл

encès / apagat

відкрито / закрито

obert / tancat

тихо / гучно

silenciós / sorollós

багатий / бідний

ric / pobre

правильно / неправильно

correcte / incorrecte

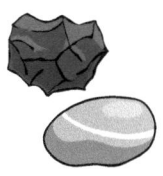

шорсткий / гладкий

aspre / suau

сумний / щасливий

trist / content

короткий / довгий

curt / llarg

повільно / швидко

lent / ràpid

вологий / сухий

humit / sec - eixut

гарячий / холодний

calent / fred

війна / мир

guerra / pau

nombres

0

нуль

zero

1

один

u

2

два

dos

3

три

tres

4

чотири

quatre

5

п'ять

cinc

6

шість

sis

7

сім

set

8

вісім

vuit

9

дев'ять

nou

10

десять

deu

11

одинадцять

onze

12

дванадцять

dotze

13

тринадцять

tretze

14

чотирнадцять

catorze

15

п'ятнадцять

quinze

16

шістнадцять

setze

17

сімнадцять

disset

18

вісімнадцять

divuit

19

дев'ятнадцять

dinou

20

двадцять

vint

100

сто

cent

1.000

тисяча

mil

1.000.000

мільйон

milió

англійська

anglès

американська англійська

anglès americà

китайська
високочиновницька

xinès mandarí

хінді

hindi

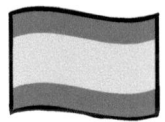

іспанська

espanyol

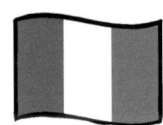

французька

francès

арабська

àrab

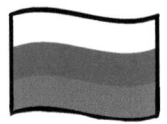

російська

rus

португальська

portuguès

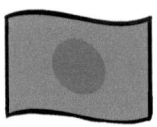

бенгальська

bengalí

німецька

alemany

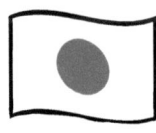

японська

japonès

я
jo

ти
tu

він / вона / воно
ell / ella / allò

ми
nosaltres

ви
vosaltres

вони
ells

хто?
qui?

що?
què?

як?
com?

де?
on?

коли?
quan?

ім'я
nom

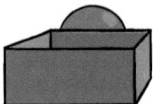

ззаду

darrere

в

en

перед

davant de

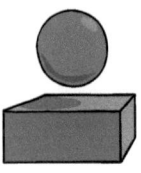

над

damunt

на

sobre

під

sota

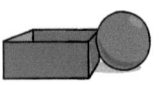

біля

al costat

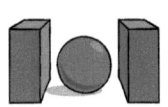

між

entre

місце

lloc